第一單元：點法

上點運筆動作圖

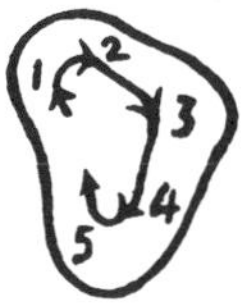

①藏鋒落筆

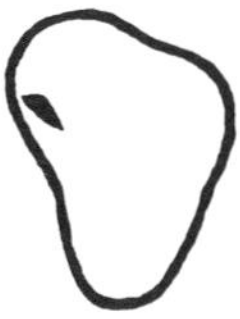

②轉鋒向上

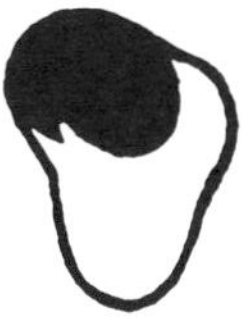

③轉筆向右

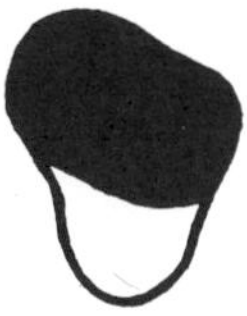

④行筆向下

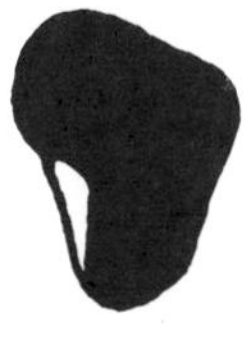

⑤迴鋒收筆

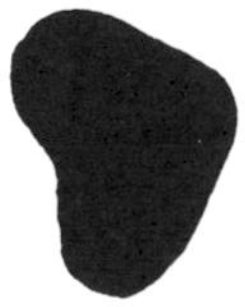

上點（杏仁點）

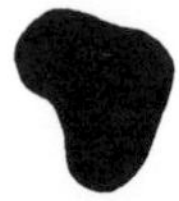

下點

左點（挑點）

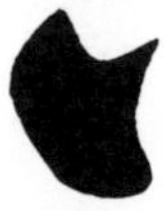

右點（側）

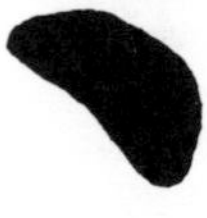

左上點

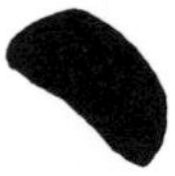

右上點

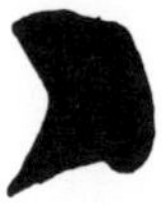

左下點

右下點（鼠矢）

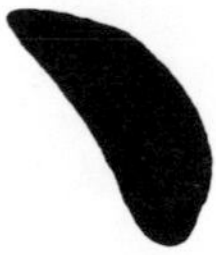

上點（杏仁點）

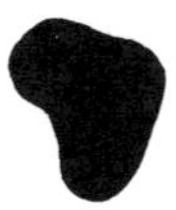

下點

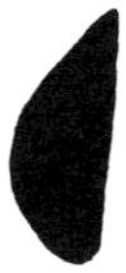

守 亦
宗 赤
密 梁
寶 禀

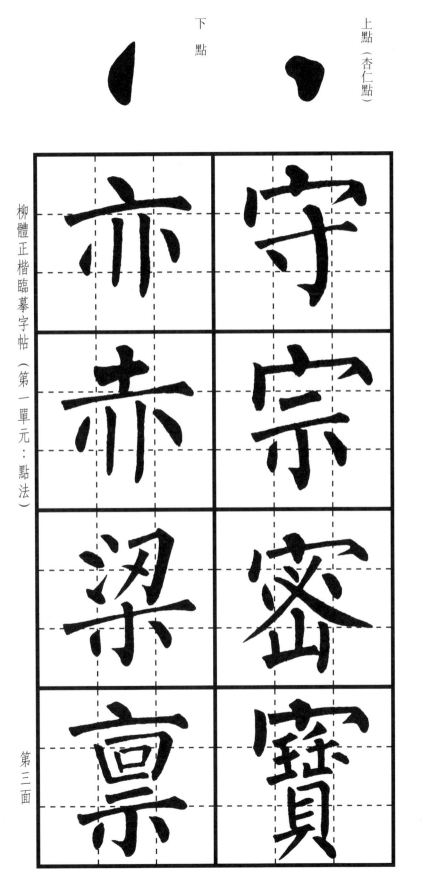

左點（挑點）

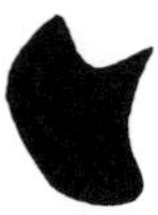

右點（側）

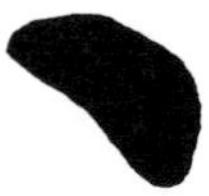

心	思
必	悲
恩	恙
慈	愁

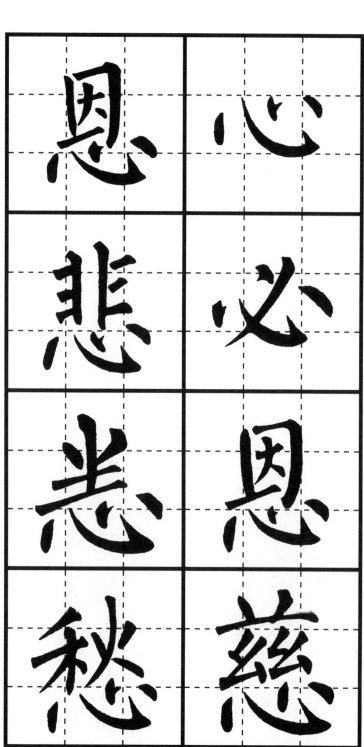

左上點

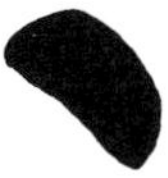

右上點

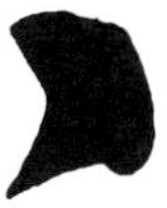

深 源 滔 滿

嘗 當 掌 常

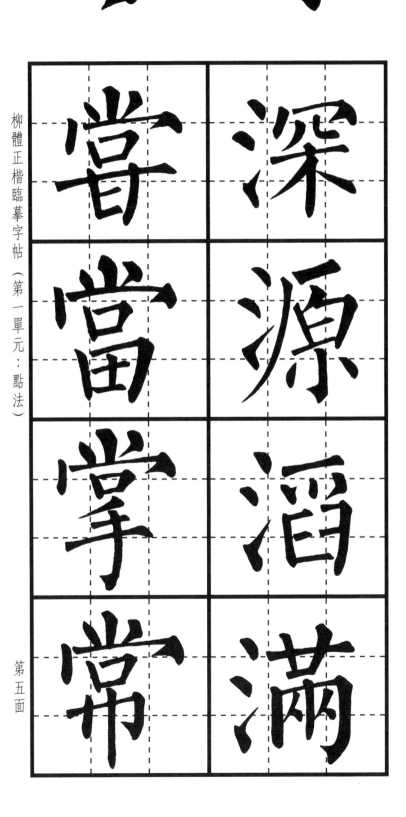

左下點

右下點（鼠　矢）

無
照
然
兼

六
矣
契
真

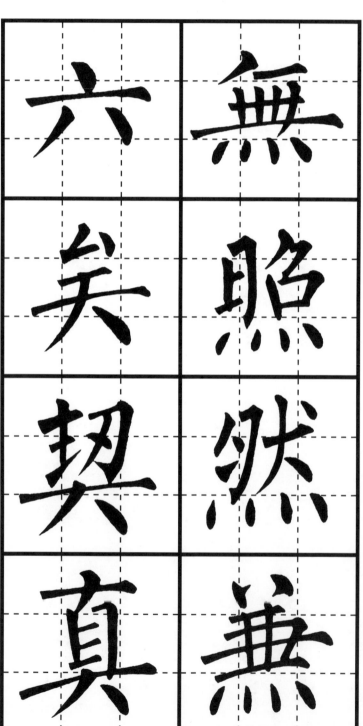

第二單元：挑法

上向挑運筆動作圖

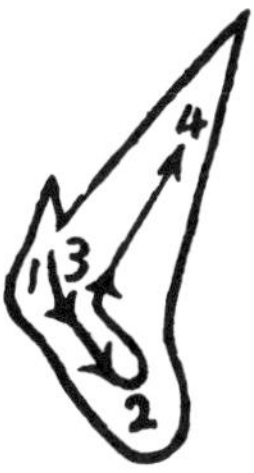

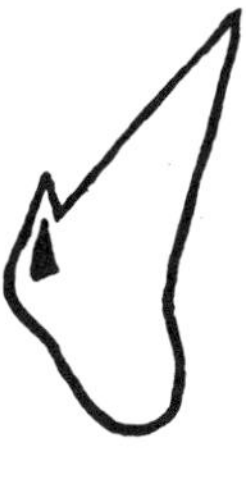

①露鋒向下落筆

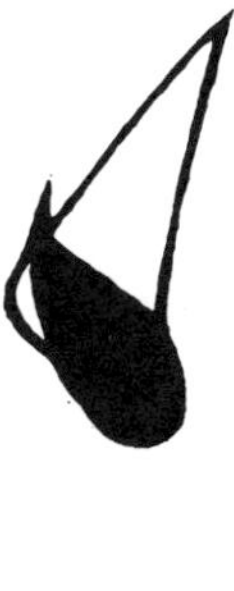

②行筆向下頓筆

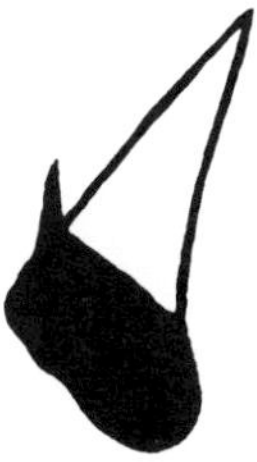

③向上挫筆

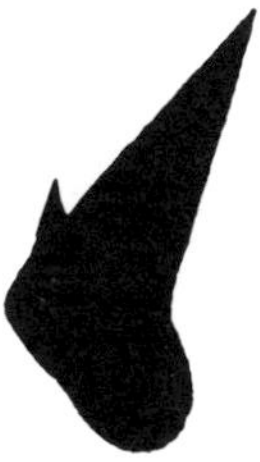

④扭鋒得勢挑出

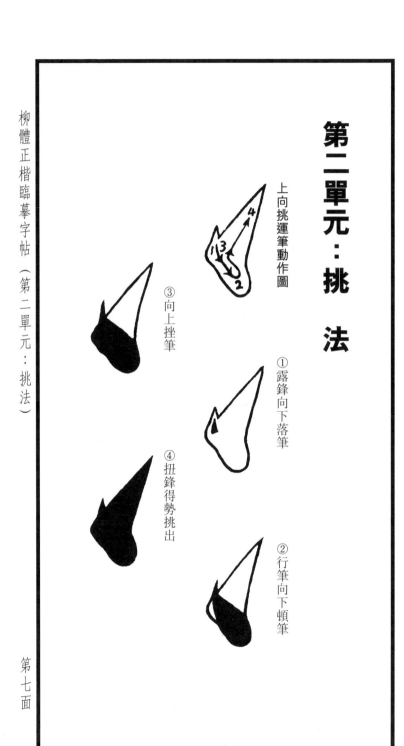

上向挑（挑點）

下向挑（啄點）

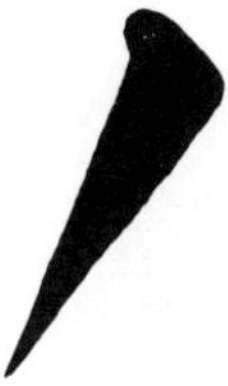

左向挑（平撇）

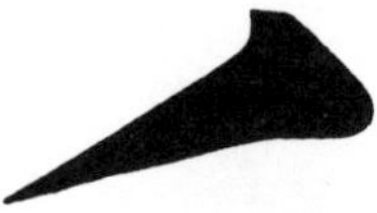

右向挑（策）

左上挑（趯）

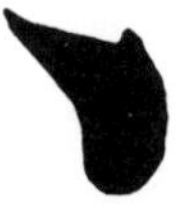

右上挑（橫挑）

右下挑

左下挑

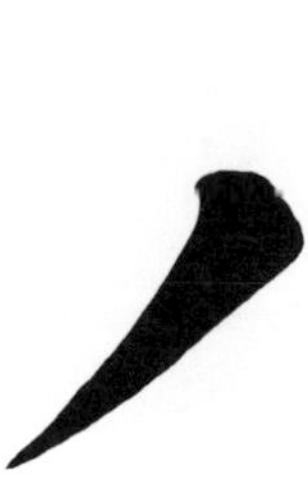

上向挑（挑點）

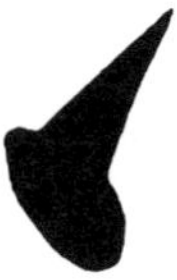

下向挑（啄點）

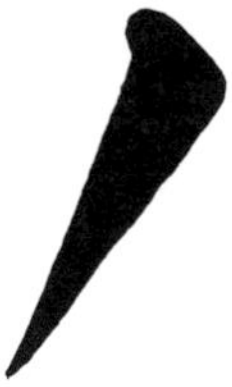

次 涼 清 演

莫 蕩 藩 藏

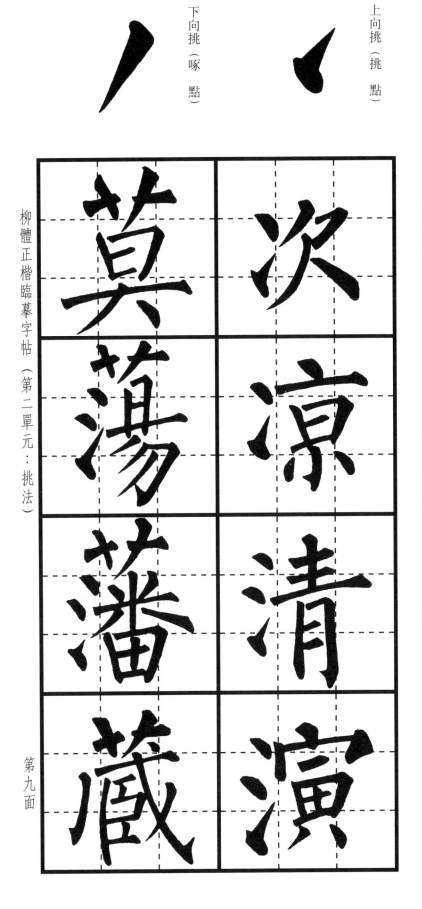

左向挑（平撇）

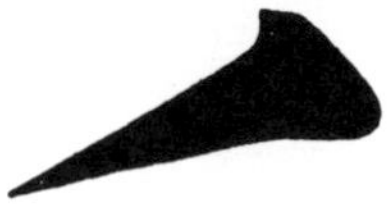

右向挑（策）

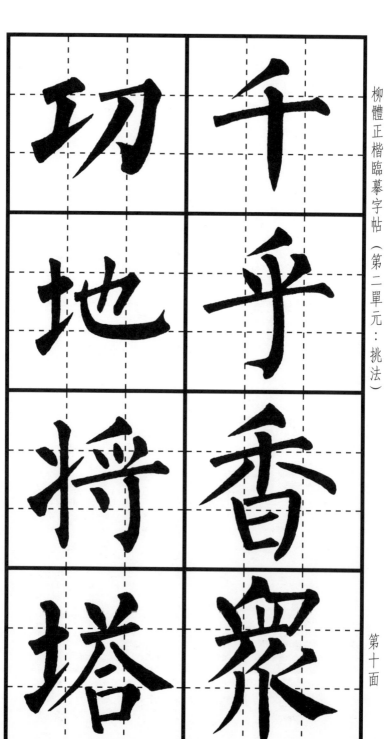

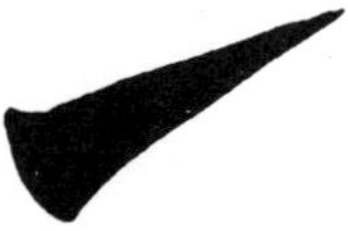

千 乎 香 衆

功 地 將 塔

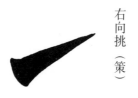

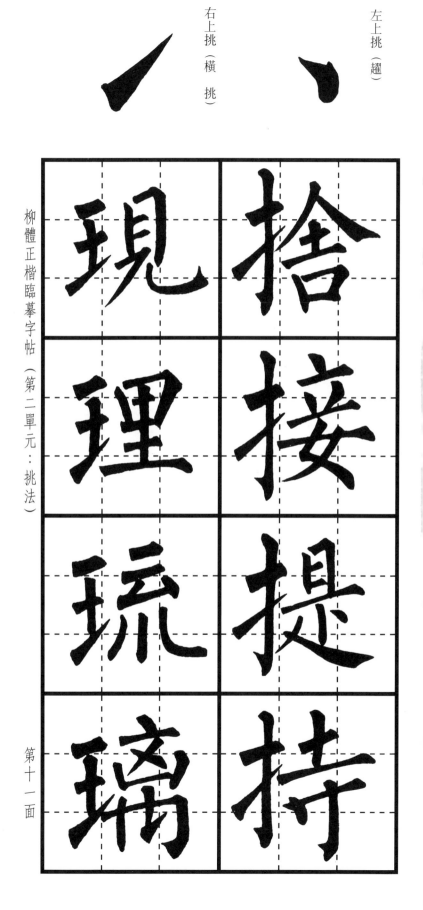

左上挑（趯）

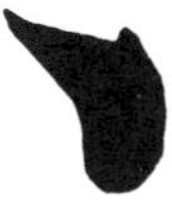

右上挑（橫　挑）

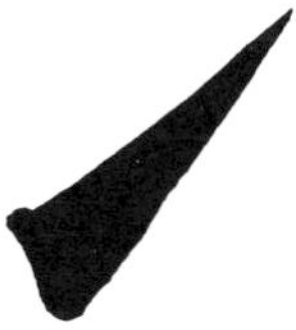

捨

接

提

持

現

理

琉

璃

左下挑

右下挑

供 橫 散 觀

其 吳 與 異

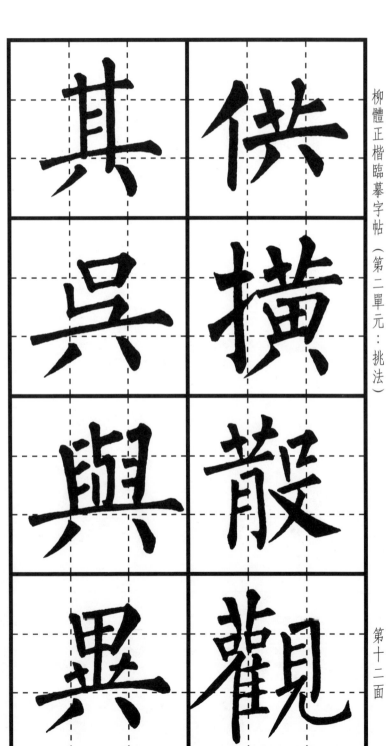

第三單元：橫法

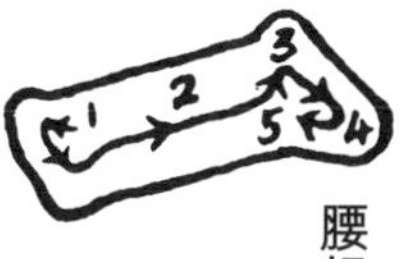

腰粗橫運筆動作圖

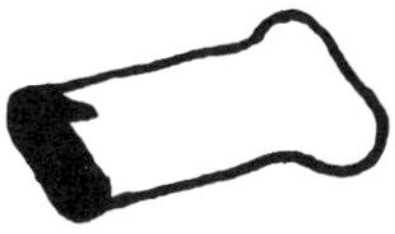

①逆鋒向左轉筆向下頓筆

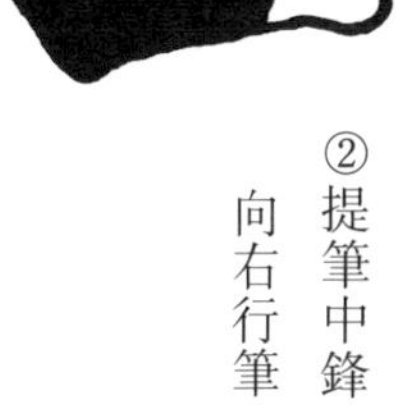

②提筆中鋒向右行筆

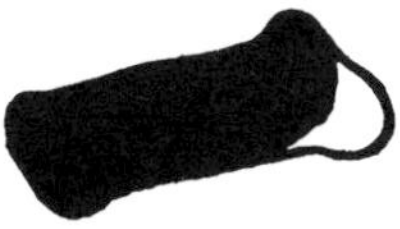

③轉筆向上成上圓角

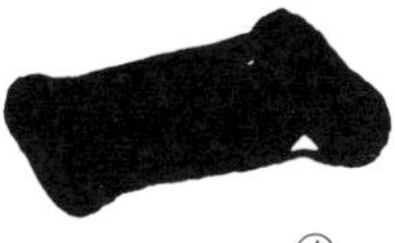

④轉筆向右頓筆成右圓角

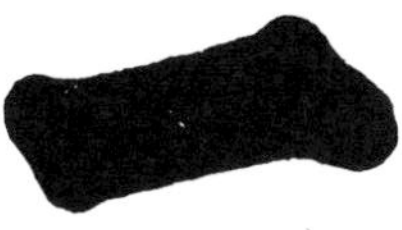

⑤提筆向左迴鋒收筆

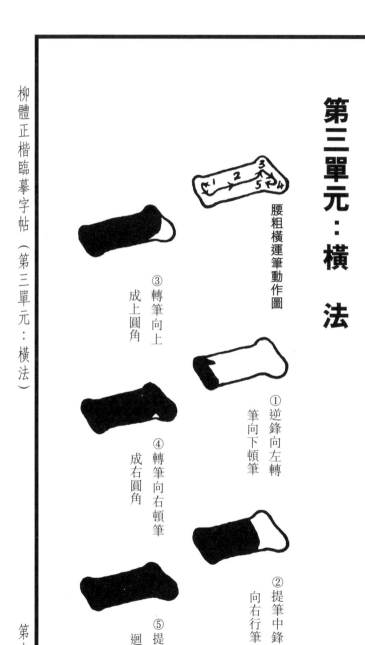

凹橫（勒）

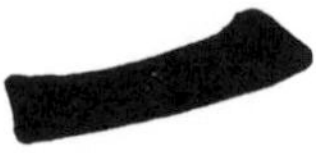

平橫（玉案）

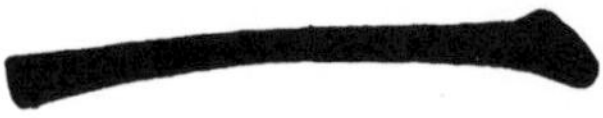

凸橫（勒）

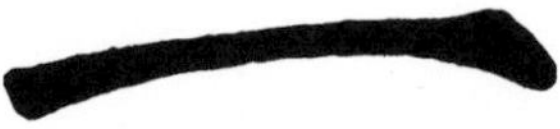

腰細橫

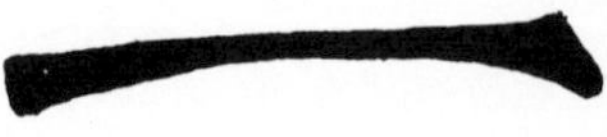

腰粗橫

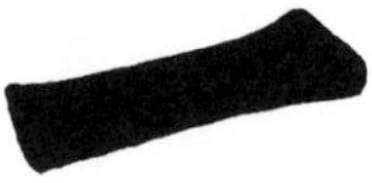

左尖橫

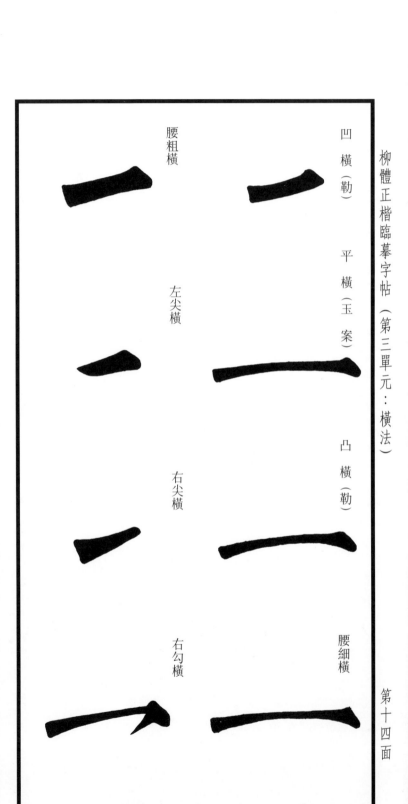

右尖橫

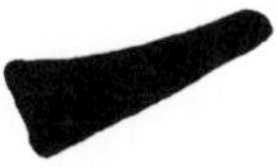

右勾橫

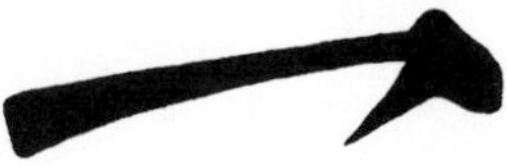

凹橫（勒）

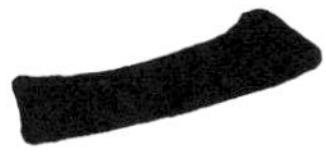

平橫（玉案）

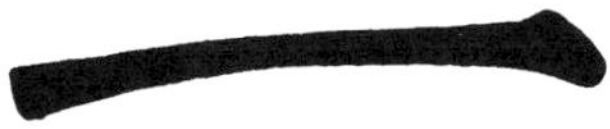

天夫元充

三五不所

凸橫（勒）

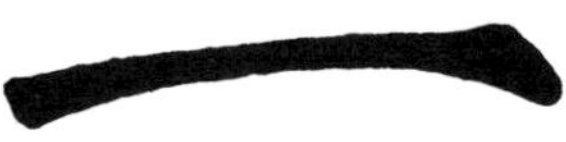

腰細橫

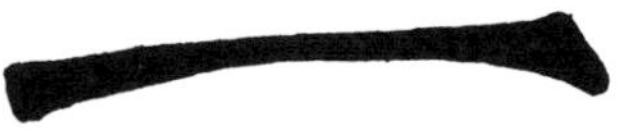

竒 喜 書 晝

無 器 契 矣

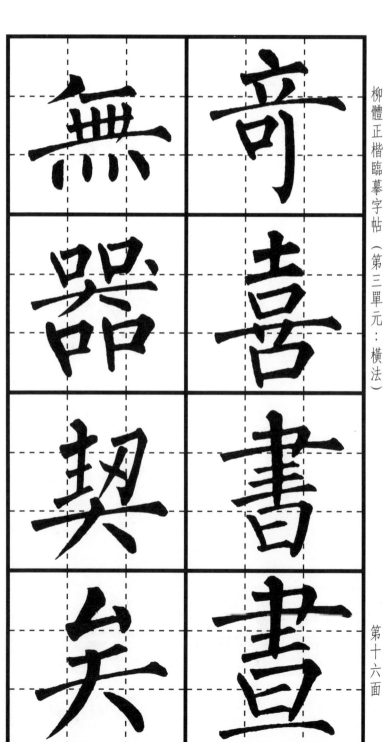

腰粗橫

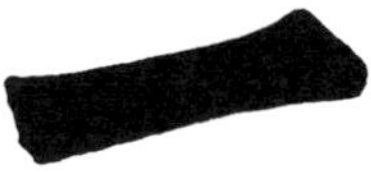

左尖橫

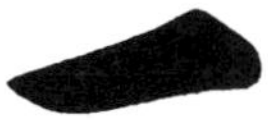

詞論議諸

長裴符等

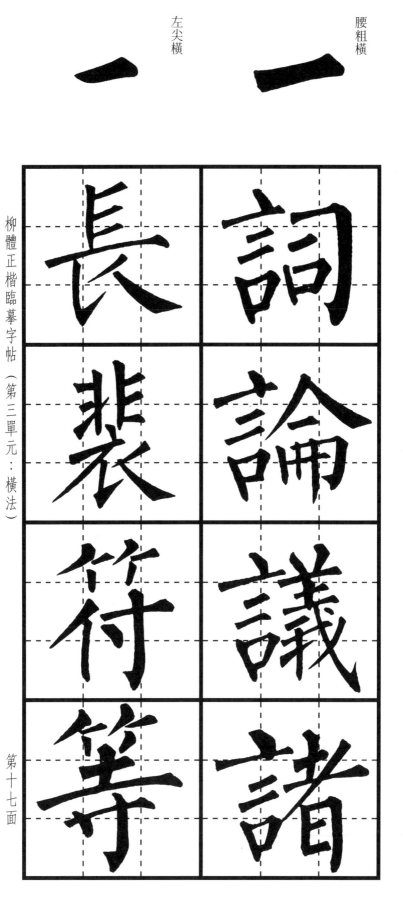

右尖橫

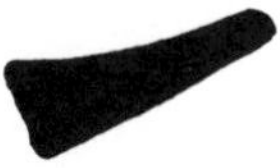

右勾橫

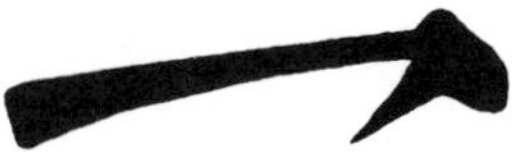

若茶夢異

安虔處壽

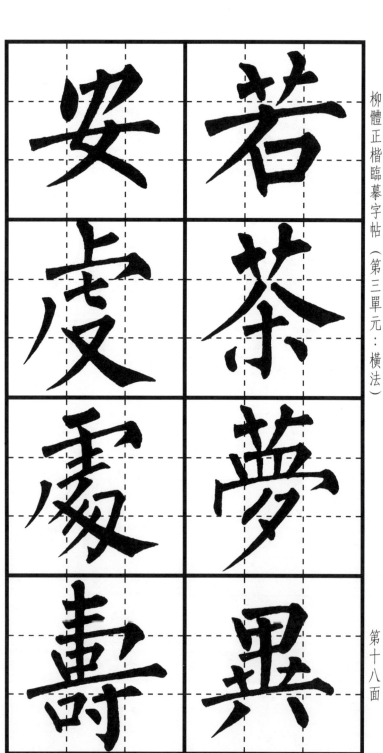

第四單元：豎法

直豎運筆動作圖

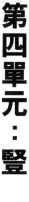

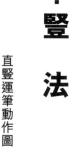

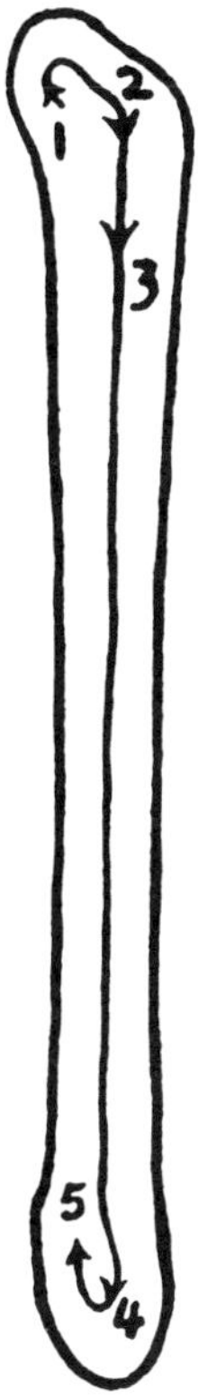

①逆鋒向上取勢於畫外
②轉筆向右橫筆畧頓成右圓角
③提筆向下中鋒行筆
④向下頓筆成下圓角
⑤轉筆迴鋒向上急起收筆成左圓角

直竪（垂露）

左弧竪（背竪）

右弧竪（向竪）

腰細竪（努）

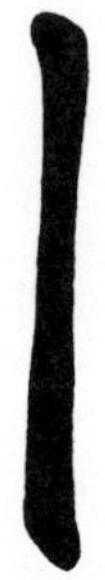

腰粗竪（鐵柱）

上尖竪（懸膽）

下尖竪（懸針）

彎腳竪

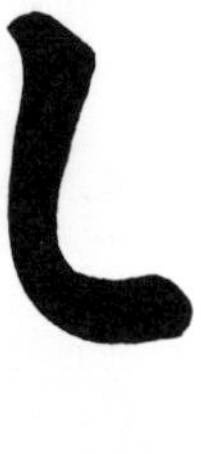

直豎（垂露）

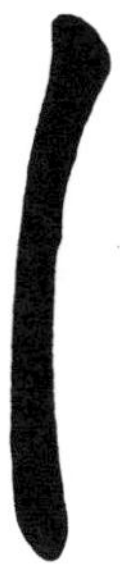

左弧豎（背豎）

相 林 株 檻

臣 師 歸 頤

右弧豎（向 豎）

腰細豎（努）

門	愧
問	忔
開	情
聞	懼

腰粗豎（鐵柱）

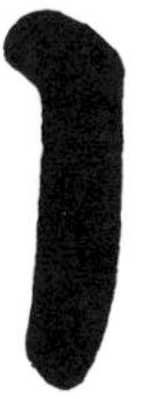

上尖豎（懸膽）

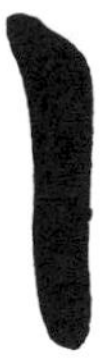

土 生 甘 出

益 盡 皇 聖

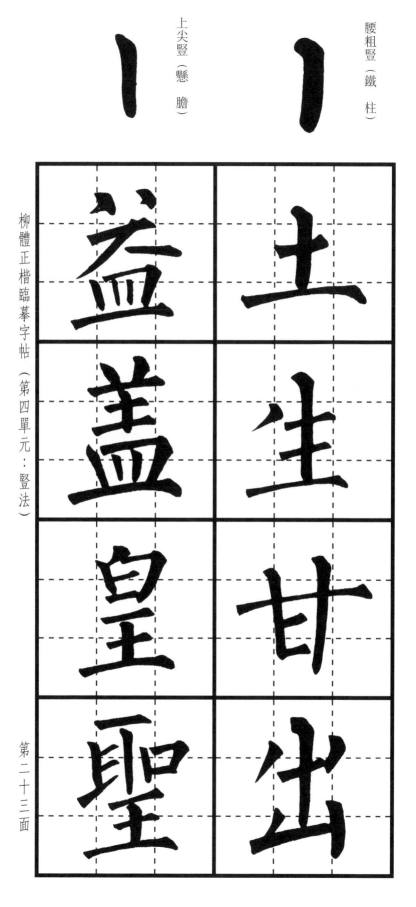

下尖豎（懸針）

丨

彎腳豎

乚

彈
禪
闢
辯

已
尼
七
此

第五單元：撇法

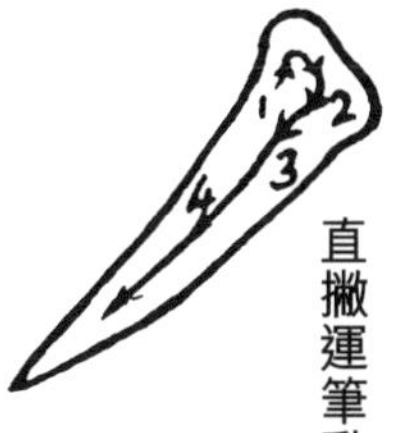

直撇運筆動作圖

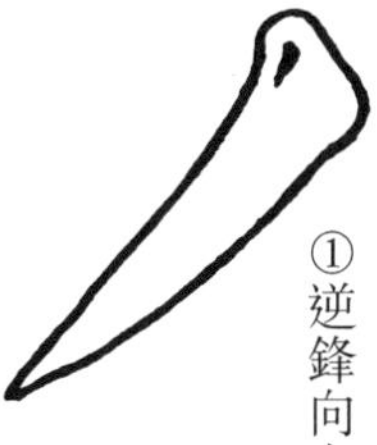

①逆鋒向上

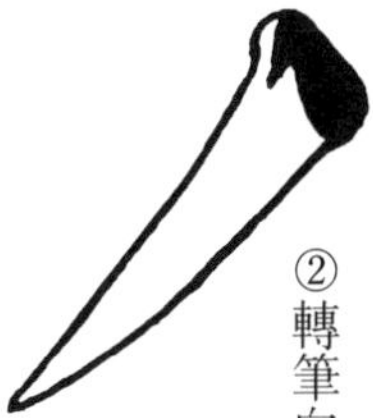

②轉筆向右下頓筆

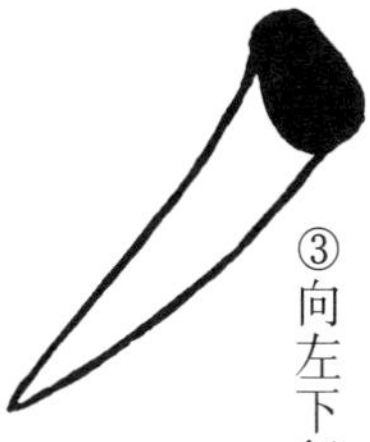

③向左下行筆

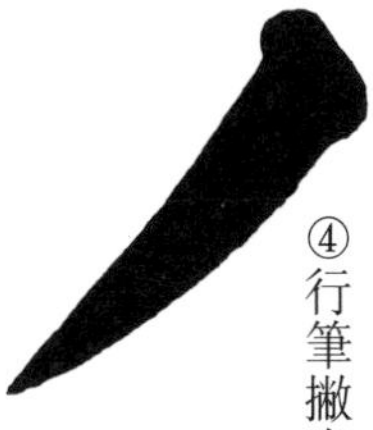

④行筆撇出成銳角

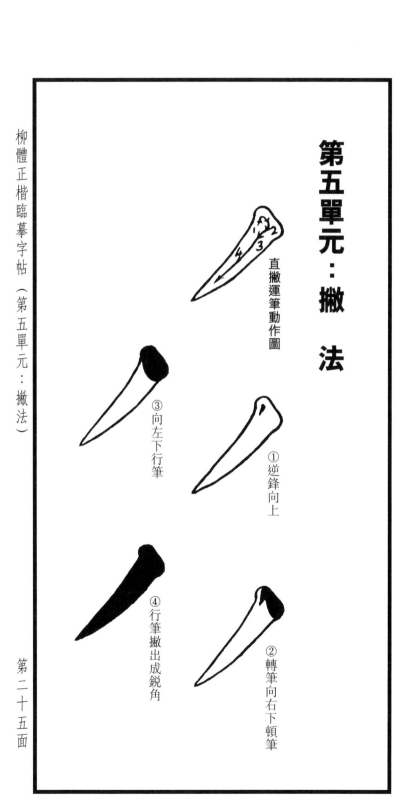

直撇（犀角）

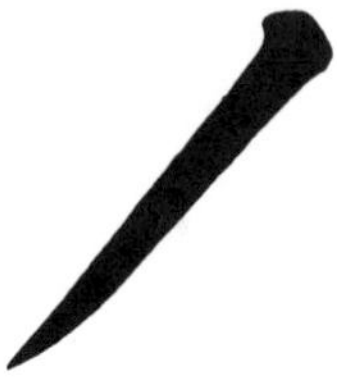

弧撇（掠）

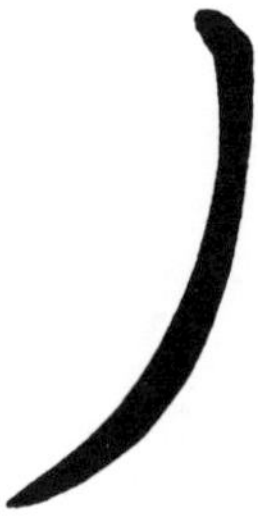

腰細撇

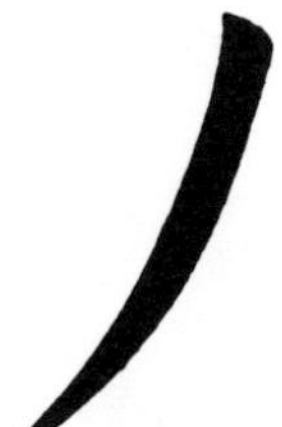

腰粗撇（新月撇）

彎頭撇

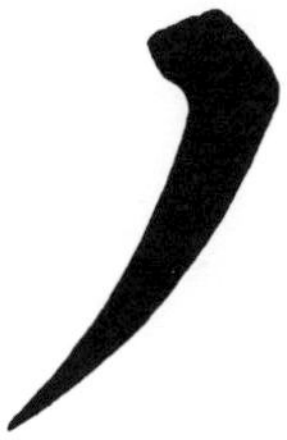

彎尾撇（迴鋒撇）

長曲撇

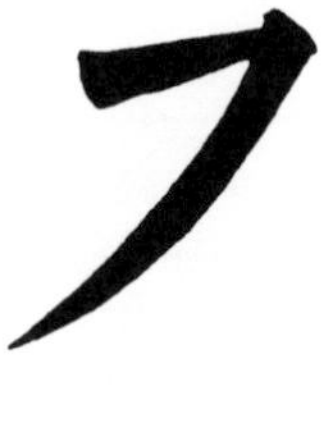

短曲撇（折釘）

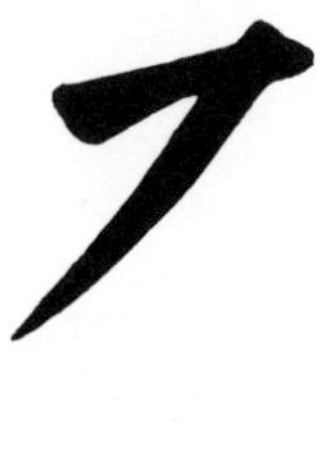

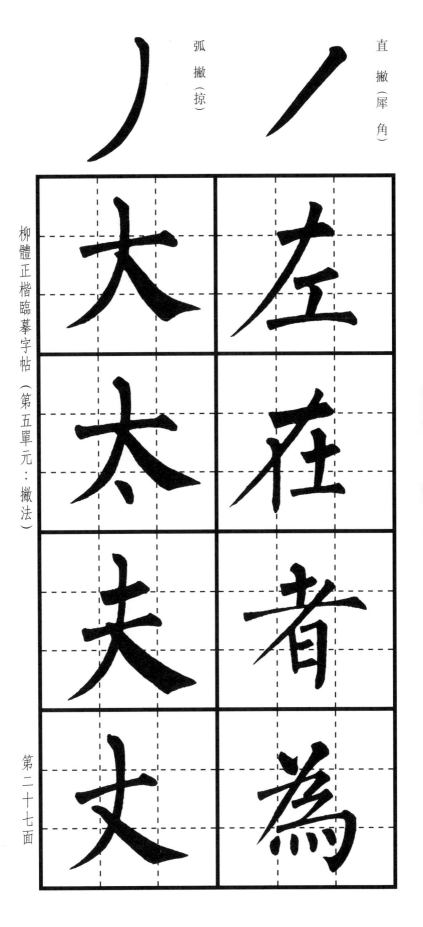

直撇（犀角）

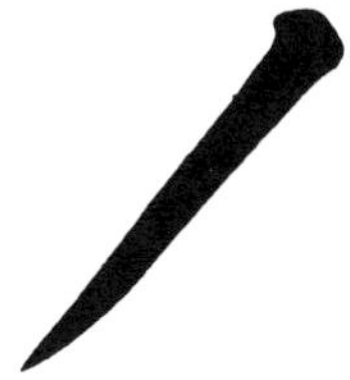

弧撇（掠）

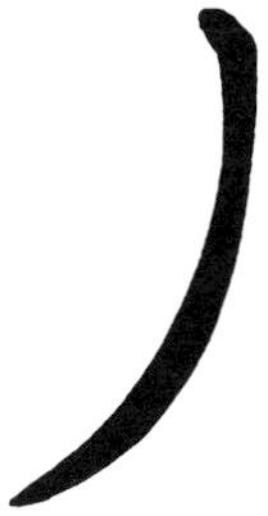

左在者為

大太夫丈

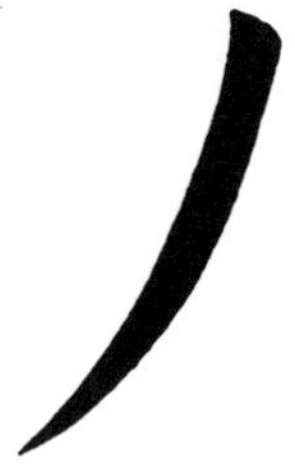
腰細撇

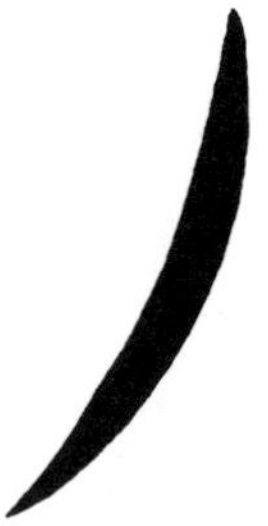
腰粗撇（新月撇）

肩	原
度	厚
塵	唐
嚴	應

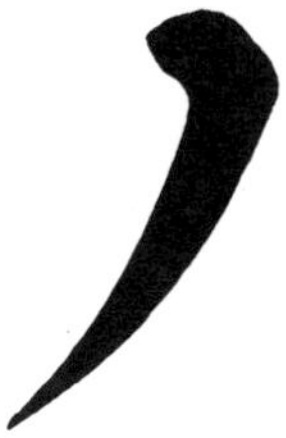

彎頭撇

彎尾撇（迴鋒撇）

有右隨雄

戍盛威臧

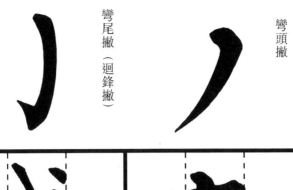

長曲撇

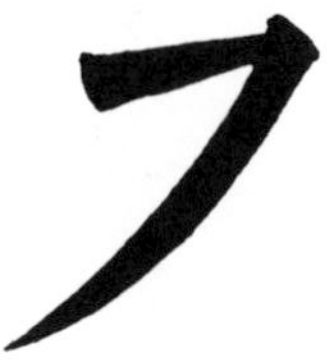

短曲撇（折　釘）

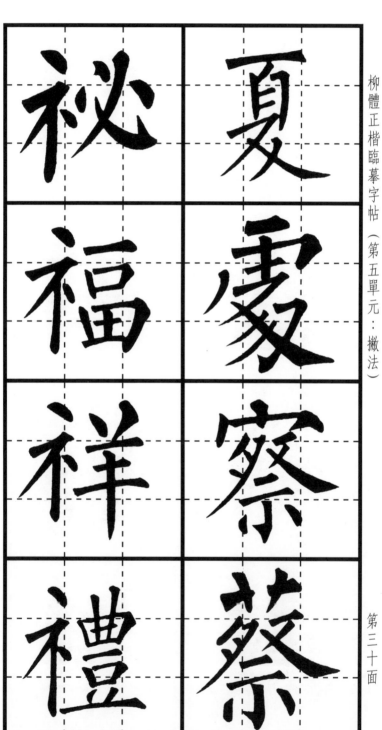

夏
處
察
蔡

祕
福
祥
禮

第六單元：捺法

弧捺運筆動作圖

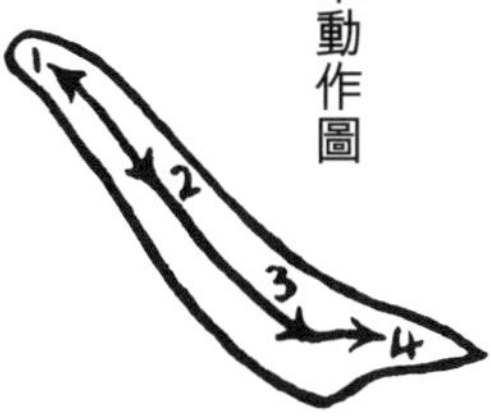

①逆鋒向右落筆

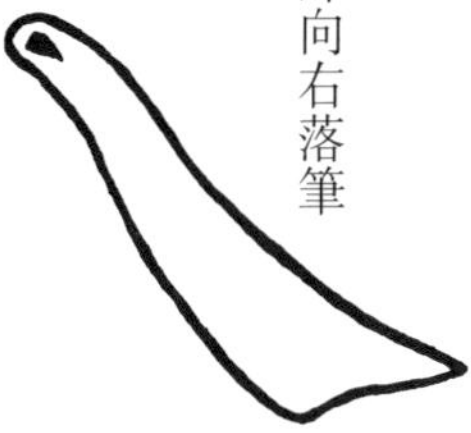

②轉筆向右下行

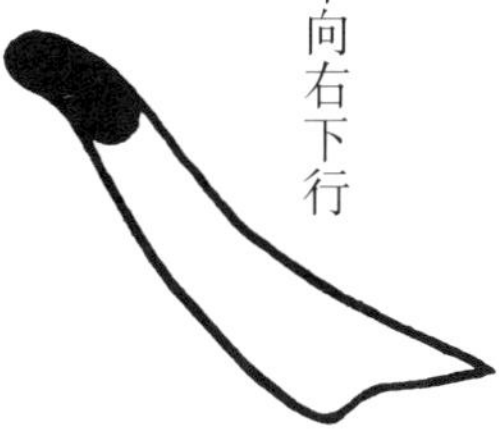

③行筆向下頓筆

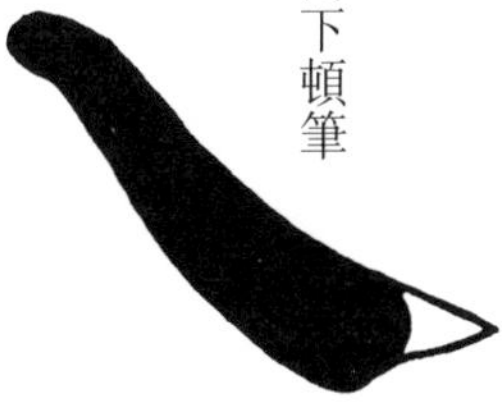

④提筆向右捺出

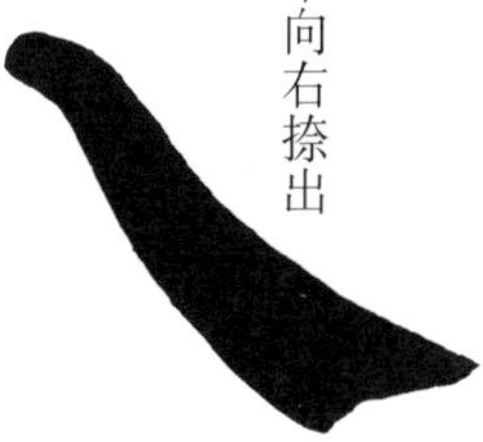

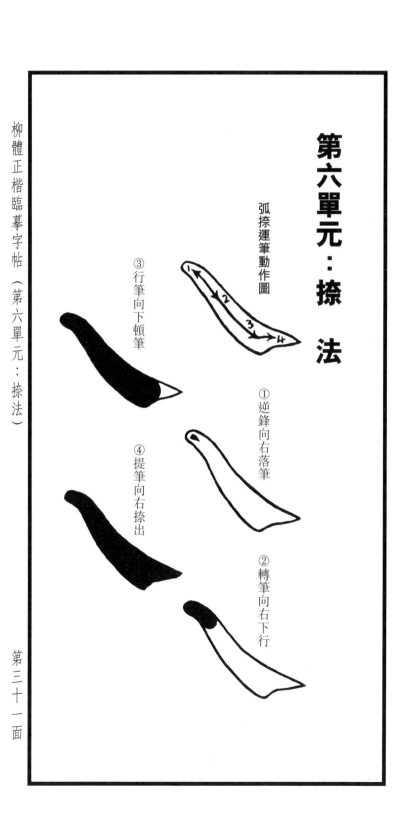

直捺（金刀捺）

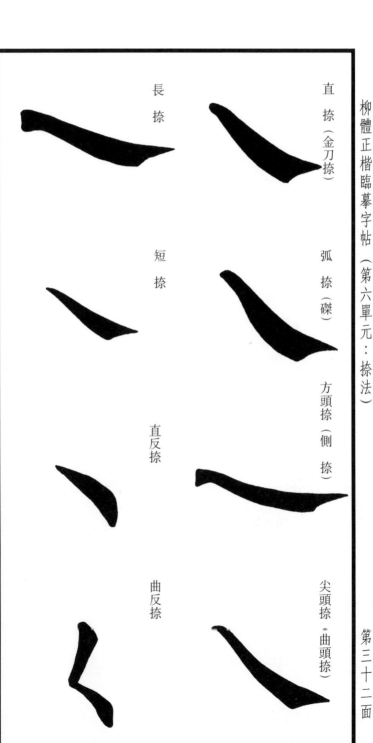

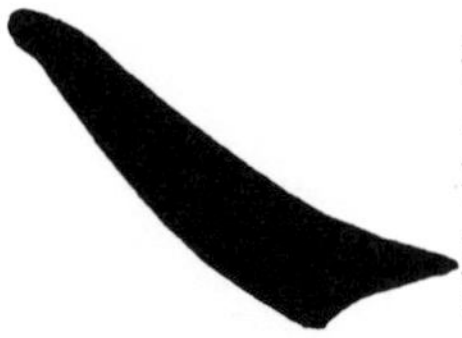

弧捺（磔）

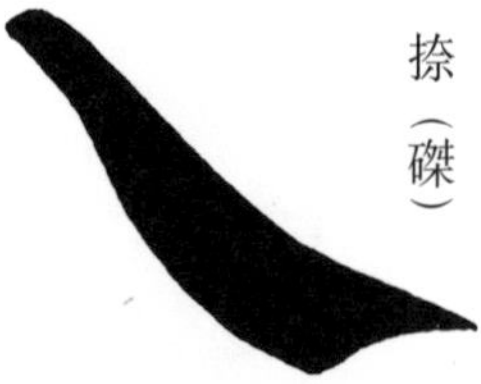

方頭捺（側捺）

尖頭捺、曲頭捺

長捺

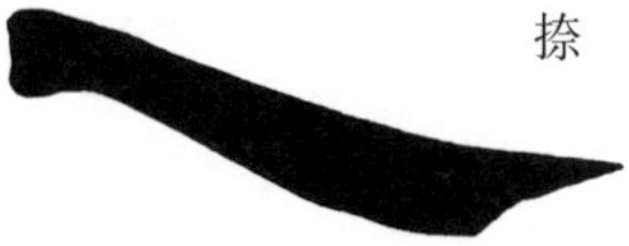

短捺

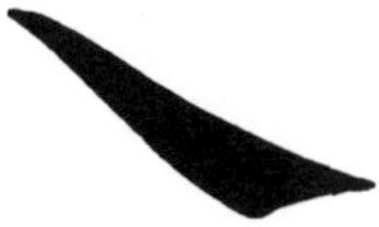

直反捺

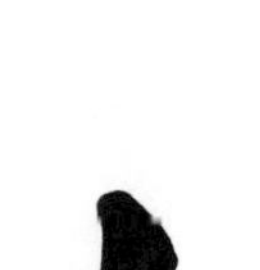

曲反捺

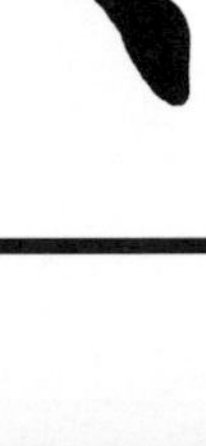

直捺（金刀捺）

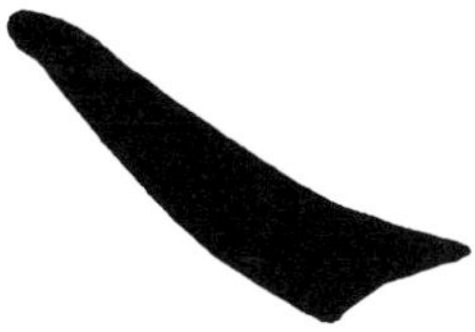

弧捺（磔）

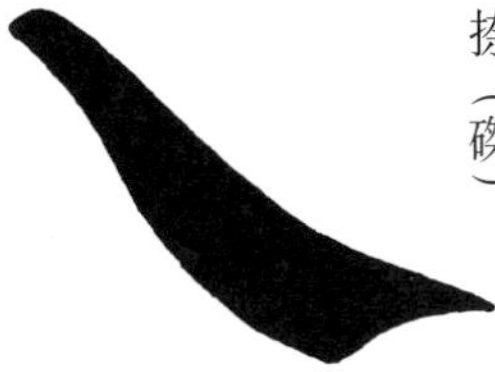

大 金 舍 會

大 天 令 金

方頭捺（側　捺）

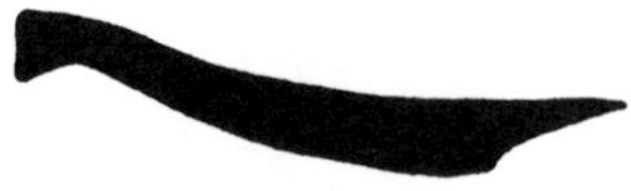

尖頭捺（曲頭捺）

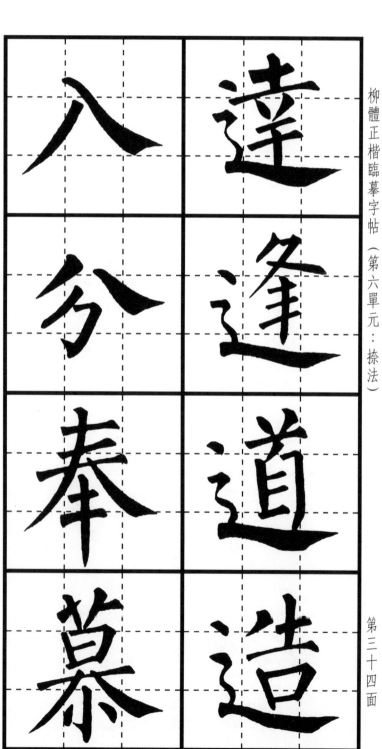

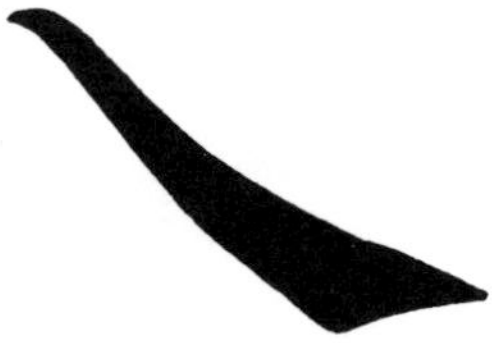

達
逢
道
造

入
分
奉
慕

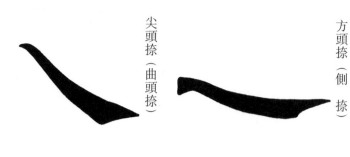

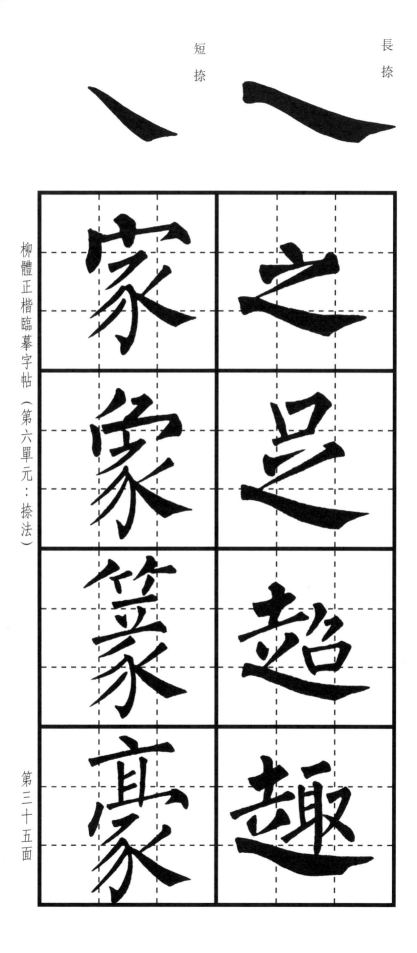

長捺

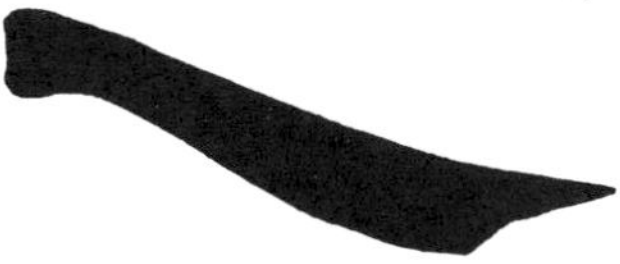

短捺

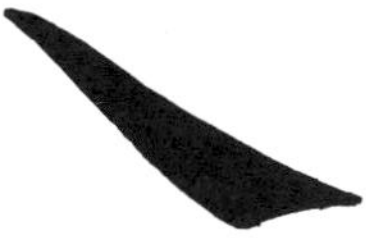

之 辵 超 趣

家 象 篆 豪

直反捺

曲反捺

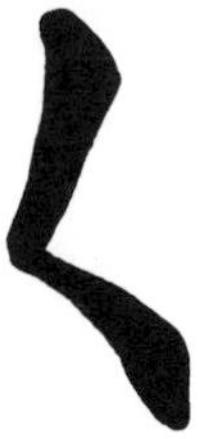

歎 歟 數 腹

如 汝 妙 數

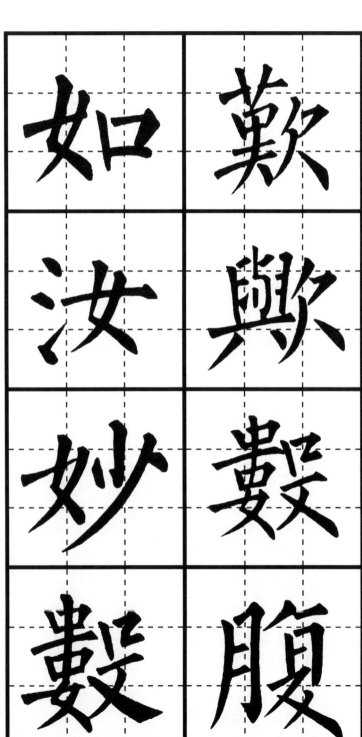

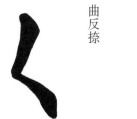

第七單元：厥法

高厥運筆動作圖

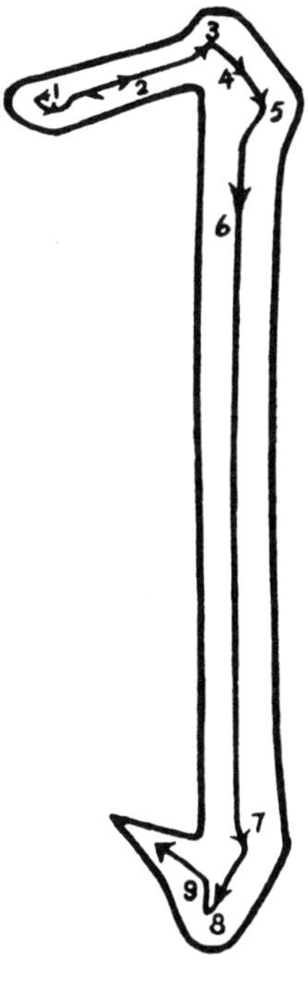

①起筆同橫畫 ②行筆至圜轉處稍駐 ③提筆轉鋒 ④向右挫筆
⑤向下頓筆 ⑥提筆下行同豎畫 ⑦至挑畫處頓筆
⑧向下挫筆扭鋒 ⑨轉筆得勢挑出成銳角

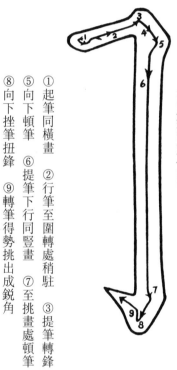

直厥（中鈎）

弧厥

高厥（曲尺）

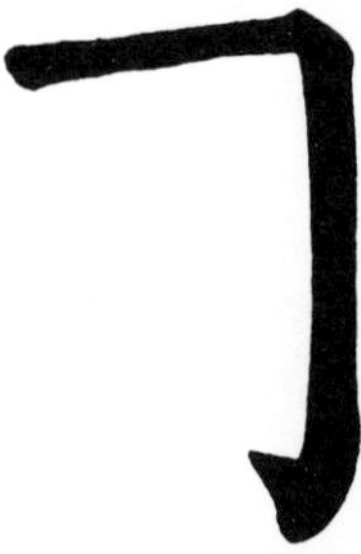

矮厥（勁努）

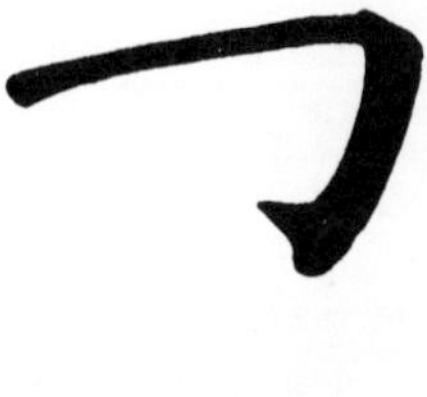

斜厥（包勾）

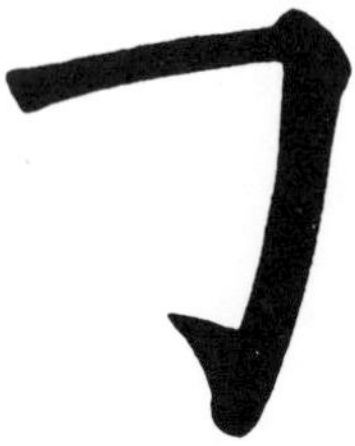

二曲厥

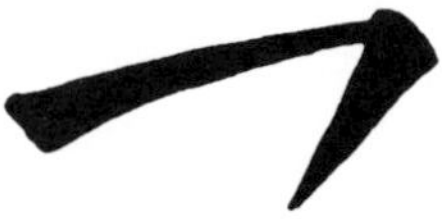

三曲厥

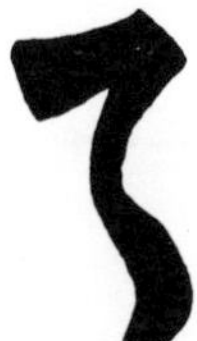

四曲厥

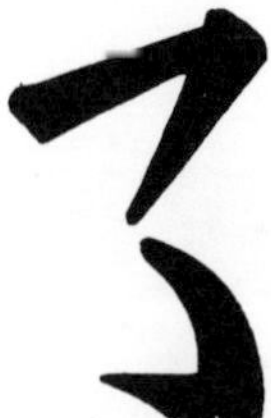

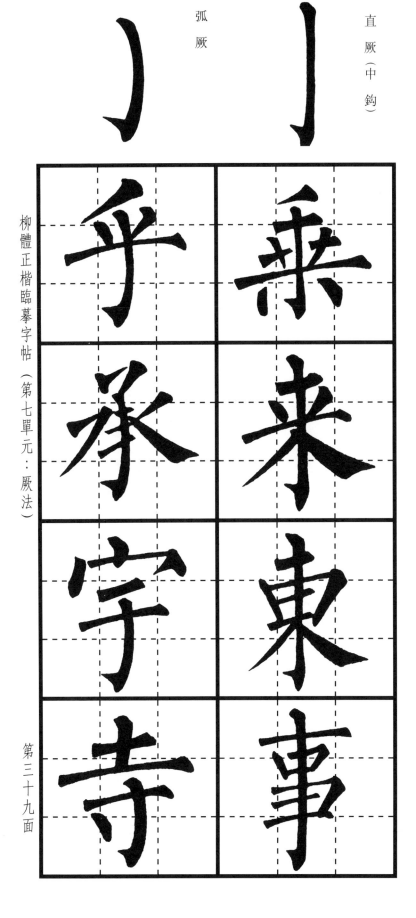

直厥（中鈎）

弧厥

乘
来
東
事
乎
承
字
寺

高厥（曲尺）

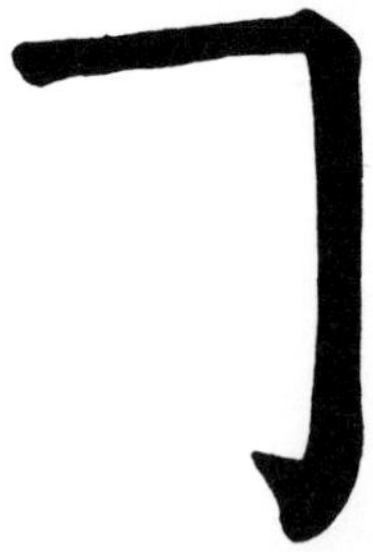

矮厥（勁努）

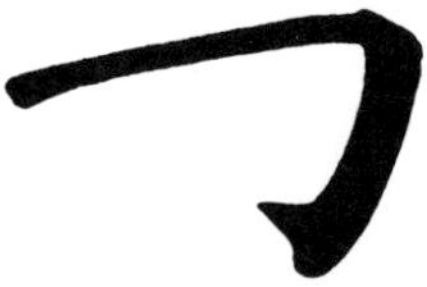

同
固
團
國

而
雨
尚
高

斜厥（包勾）

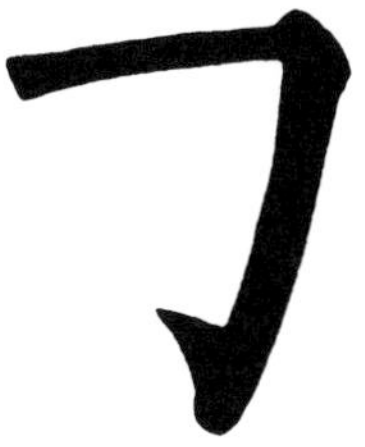

二曲厥

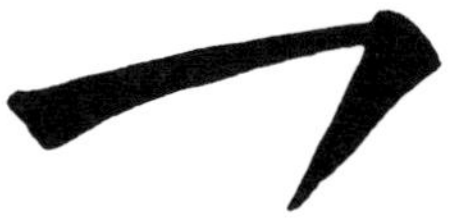

刀約鈎揚

為爲兼盡

三曲厥

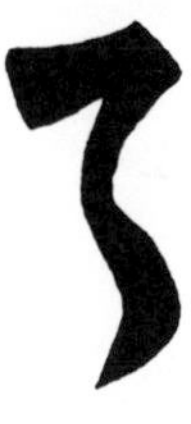

四曲厥

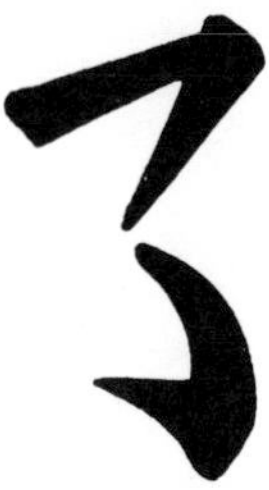

迷遺道遊

都部鄆響

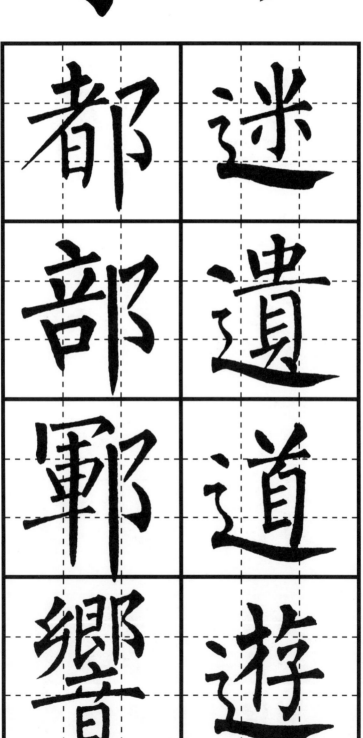

第八單元：鈎法

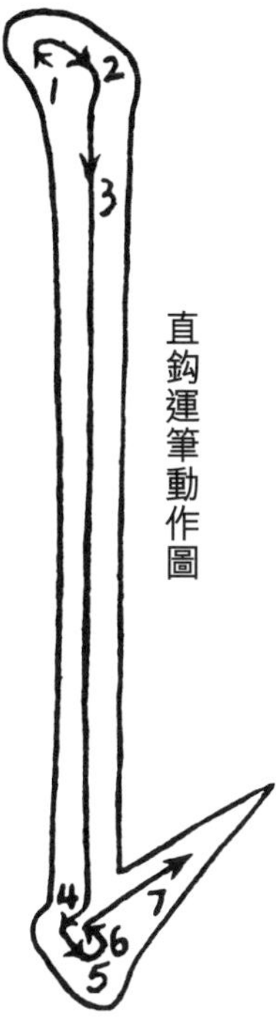

直鈎運筆動作圖

①逆鋒向上落筆

②轉筆向右頓筆

③行筆至挑畫處

④提筆轉鋒再向下落筆

⑤向下頓筆成下圓角

⑥向上挫筆扭鋒成鈍角

⑦轉筆得勢挑出成銳角

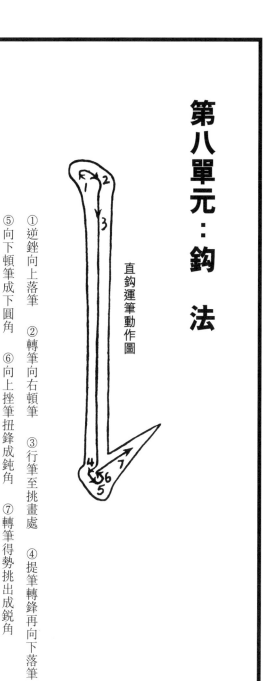

直鈎

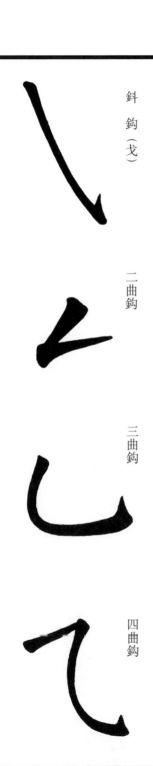

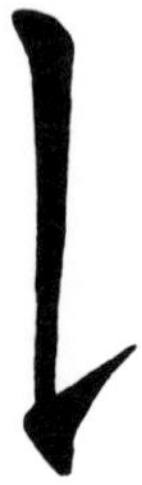

弧鈎（玉鈎）

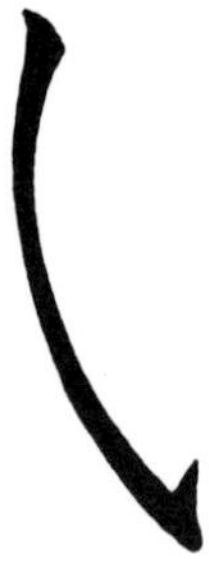

高鈎（浮鵝）

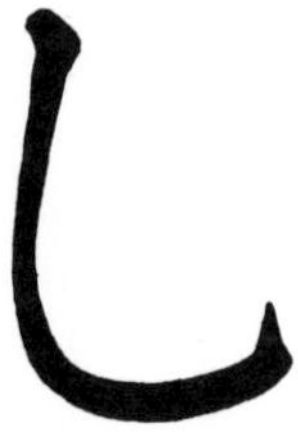

矮鈎（橫戈）

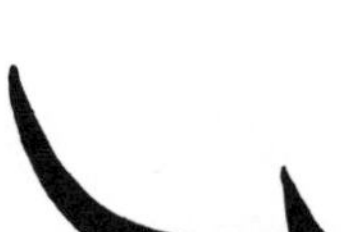

斜鈎（戈）

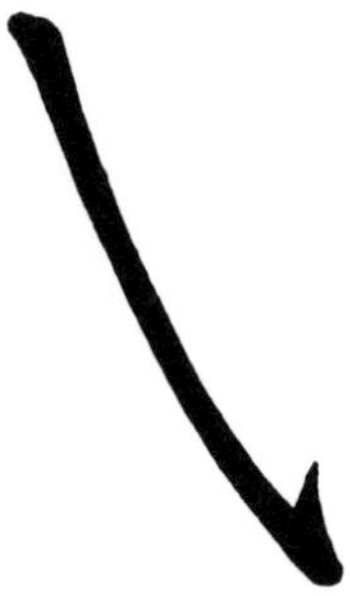

二曲鈎

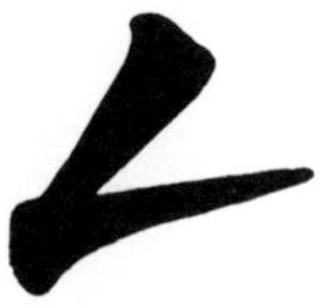

三曲鈎

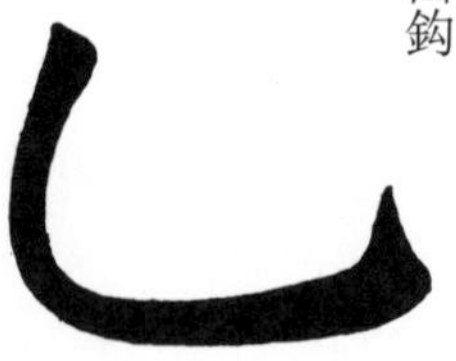

四曲鈎

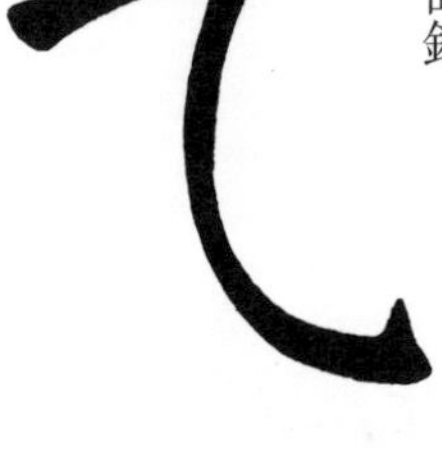

直鈎

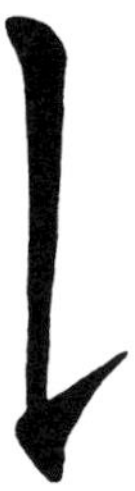

弧鈎（玉鈎）

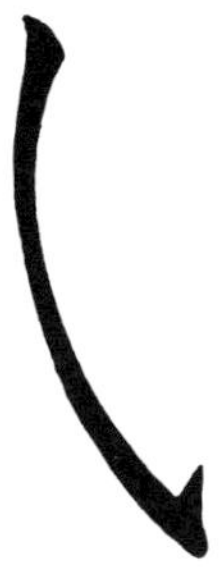

依能餘顧

我歲戲載

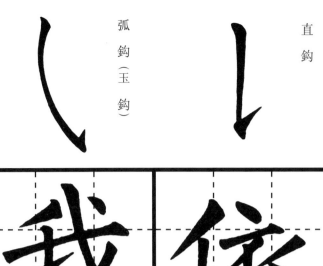

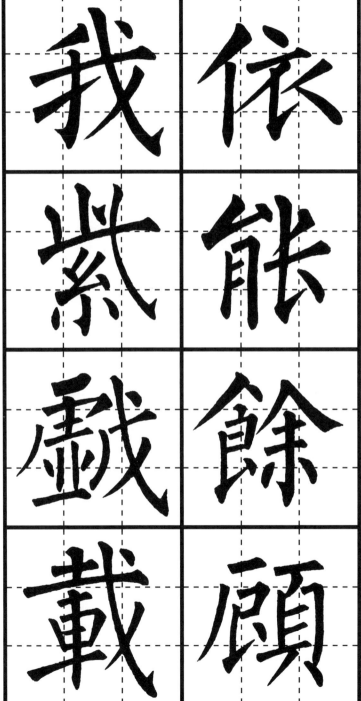

高鈎（浮鵝）

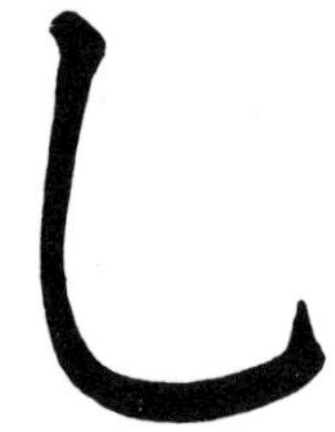

矮鈎（橫戈）

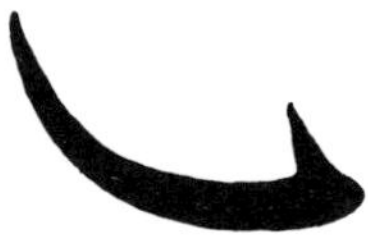

礼 犯 紀 寵

心 必 思 恩

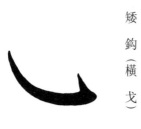

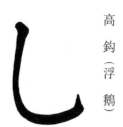

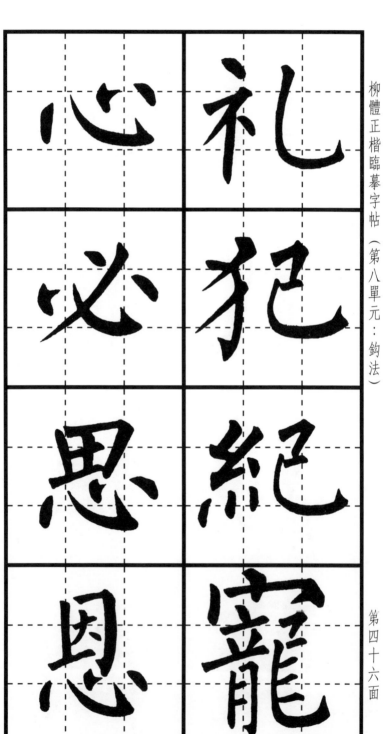

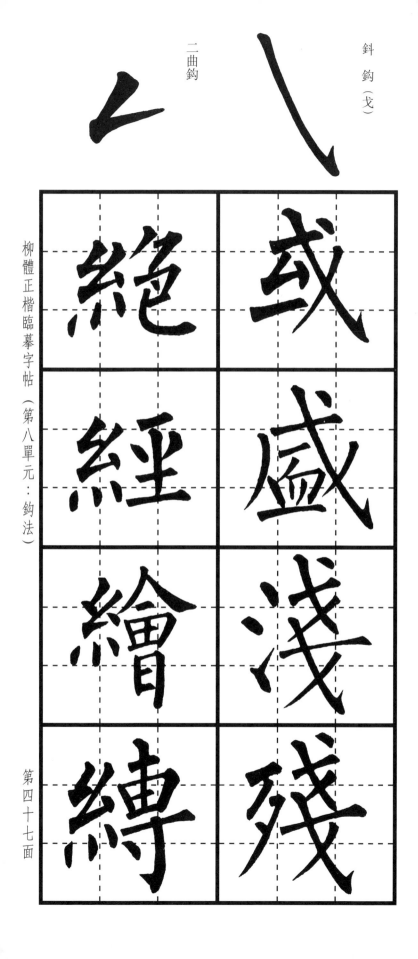

斜鈎（戈）

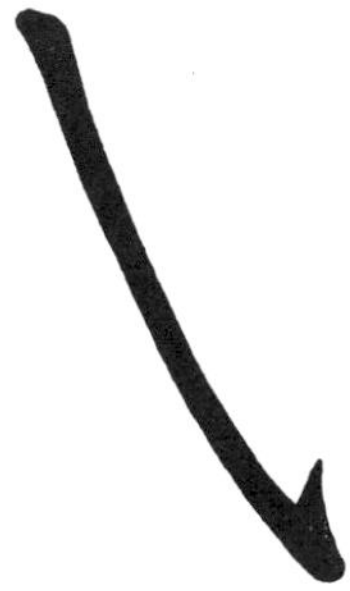

二曲鈎

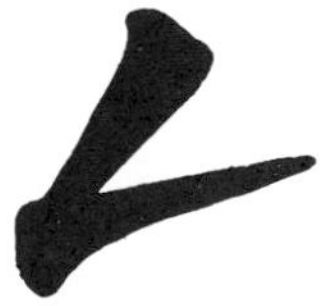

或盛浅残

絶經繪縛

三曲鈎

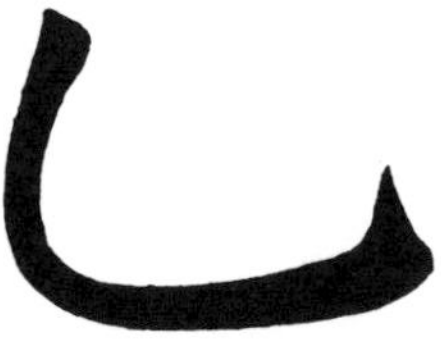

四曲鈎

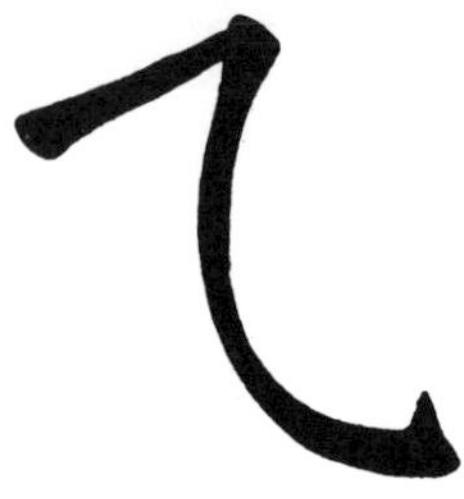

先
光
克
見

凡
風
航
孰